플루트 소곡집

아름다운음악아름다운인생
아름출판사

CONTENTS

나비야 / 독일 민요 — 4,5

뻐꾸기 / 독일 민요 — 4,5

아리랑 / 한국 민요 — 6

생일축하 노래 / 외국곡 — 6

작은 별 / 모차르트 곡 — 7

섬 집 아기 / 한인현 사, 이흥렬 곡 — 8

이 몸이 새라면 / 안병원 사, 외국곡 — 8

에델바이스 / 오스카 해머스타인2세 사, 리차드 로저스 곡 — 9

샐리 정원 / 아일랜드 민요 — 10

축하합니다 / 필 콜터, 빌 마틴 사, 곡 — 10

어머님 은혜 / 윤춘병 사, 박재훈 곡 — 11

송 프롬 어 시크릿 가든 / 롤프 러블랜드 곡 — 11

여수 / 오드웨이 곡 — 12

주인은 차디찬 흙 속에 / 포스터 곡 — 13

깊고도 넓고도 / 최병일 곡 — 13

따스한 봄날에 / 아일랜드 민요 — 14

즐거운 나의 집 / 비숍 곡 — 15

고요한 밤 거룩한 밤 / 그루버 곡 — 16

학교 가는 길 / 김광민 곡 — 17

아가씨들아 / 강소천 사, 폴란드 민요 — 18

아름다운 나의 벗 / 스코틀랜드 민요 — 19

저 들 밖에 / 외국곡 — 19

언제나 몇 번이라도 / 가쿠 와카코 사, 기무라 유미 곡 — 20

참 예쁘네요 / 흑인 영가 — 21

창 밖을 보라 / 리우, 미첼 사, 곡 — 22

아빠 힘내세요 / 권연순 사, 한수성 곡 — 23

그 옛날에 / 베일리 곡 — 24

봄노래 / 모차르트 곡 — 25

옹달샘 / 윤석중 사, 외국곡 — 25

숭어 / 슈베르트 곡 — 26

할아버지의 시계 / 헨리 클레이 워크 곡 — 27

백조의 호수에서 '정경' / 차이콥스키 곡 — 28

마이 보니 / 스코틀랜드 민요 — 29

꽃밭에서 / 어효선 사, 권길상 곡 — 30

당신은 사랑받기 위해 태어난 사람 / 이민섭 사, 이민섭 곡 — 30

선구자 / 윤해영 사, 조두남 곡 — 31

고요한 호숫가 / 독일 민요 — 31

봄 / 비발디 곡 — 32

시골 경마 / 포스터 곡 — 33

꿈길에서 / 포스터 곡 — 34

기쁨의 노래 / 베토벤 곡 — 35

비행기 / 윤석중 사, 외국곡 — 35

결혼 행진곡 / 바그너 곡 — 36

산속의 음악가 / 독일 민요 — 37

오 나라 / 임세현 사, 임세현 곡 — 38

도라지 타령 / 한국 민요 — 39

등대지기 / 유경손 사, 영국 민요 — 40

하늘나라 동화 / 이강산 사, 이강산 곡 — 41

커다란 꿀밤 나무 아래서 / 작자 미상 — 42

파란 마음 하얀 마음 / 어효선 사, 한용희 곡 — 43

아빠와 크레파스 / 이혜민 사, 이혜민 곡 — 44

과수원 길 / 박화목 사, 김공선 곡 — 45

스승의 은혜 / 강소천 사, 권길상 곡 — 46

어머니 마음 / 양주동 사, 이흥렬 곡 — 47

나는 대리석 궁전에서 사는 꿈을 꾸었어요 / 발페 곡 — 48

그린 슬리브스 / 영국 민요 — 49

오 브레넬리 / 스위스 민요 — 50

별의 세계 / 콘바스 곡 — 51

리고동 / 퍼셀 곡 — 51

금발의 제니 / 포스터 곡 — 52

기쁘다 구주 오셨네 / 헨델 곡	53	징글 벨 / 피아폰트 곡 ... 81
고향의 봄 / 이원수 사, 홍난파 곡	54	피크닉 / 영국 민요 ... 82
꼬마 별 / 독일 민요	54	애니 로리 / 스코틀랜드 민요 ... 83
유 아 마이 선샤인 / 지미 데이비스 사, 찰스 미첼 곡	55	러브 송 / 김영아 사, 전준규 곡 ... 84
10월의 어느 멋진 날에 / 한경혜 사, 롤프 러블랜드 사 곡	56	고향 집 / 헤이스 곡 ... 85
푸른 목장 / 보헤미아 민요	57	하얀 연인들 / 피에르 바루 사, 프란시스 레이 곡 ... 86
당신의 소중한 사람 / 노르웨이 민요	58	몰다우 강 / 스메타나 곡 ... 87
잠에서 깨어난 인형 / 외스텐 곡	59	이별의 곡 / 쇼팽 곡 ... 88
클레멘타인 / 미국 민요	60	산타루치아 / 나폴리 민요 ... 89
칸타빌레 / 하이든 곡	61	러브 미 텐더 / 베라 맷슨, 엘비스 프레슬리 곡 ... 90
미뉴에트 / 바흐 곡	62	투우사의 노래 / 비제 곡 ... 91
여자의 마음 / 베르디 곡	63	슈베르트의 세레나데 / 슈베르트 곡 ... 92
마탄의 사수 / 베버 곡	64	장미빛 인생 / 에디프 삐아쁘 사, 피에르 루이기 곡 ... 93
홍하의 골짜기 / 미국 민요	65	아를르의 여인에서 '미뉴에트' / 비제 곡 ... 94
노래는 즐겁다 / 독일 민요	66	모차르트의 자장가 / 모차르트 곡 ... 96
스와니 강 / 포스터 곡	67	유 레이즈 미 업 / 브렌덴 그레이엄 사, 롤프 러블랜드 곡 ... 98
오버 더 레인보우 / 하버그 사, 알렌 곡	68	오블라디 오블라다 / 존 레논, 폴 맥카트니 곡 ... 99
런던 다리 / 영국 민요	69	노래의 날개 위에 / 멘델스존 곡 ... 100
아비뇽 다리 / 프랑스 민요	69	사랑의 기쁨 / 마르티니 곡 ... 101
언덕 위의 집 / 미국 민요	70	희망의 나라로 / 현제명 사, 현제명 곡 ... 102
잘 있거라 내 고향 / 독일 민요	71	한 떨기 장미 / 아일랜드 민요 ... 103
도레미 송 / 오스카 해머스타인 2세 사, 리차드 로저스 곡	72	브람스의 자장가 / 브람스 곡 ... 104
꿈속의 고향 / 드보르작 곡	73	들장미 / 베르너 곡 ... 106
로망스 / 스페인 민요	74	들장미 / 슈베르트 곡 ... 107
마이 웨이 / 클로드 프랑소와, 폴 앙카 곡	75	그리운 금강산 / 한상억 사, 최영섭 곡 ... 108
로렐라이 / 하네이 사, 질허 곡	76	헝가리 무곡 5번 / 브람스 곡 ... 109
라 쿠카라차 / 멕시코 민요	77	트로이메라이 / 슈만 곡 ... 110
문 리버 / 머셔, 맨시니 곡	78	왈츠 / 브람스 곡 ... 111
아 목동아 / 아일랜드 민요	79	
켄터키 옛집 / 포스터 곡	80	

나비야

Moderato

독일 민요

뻐꾸기

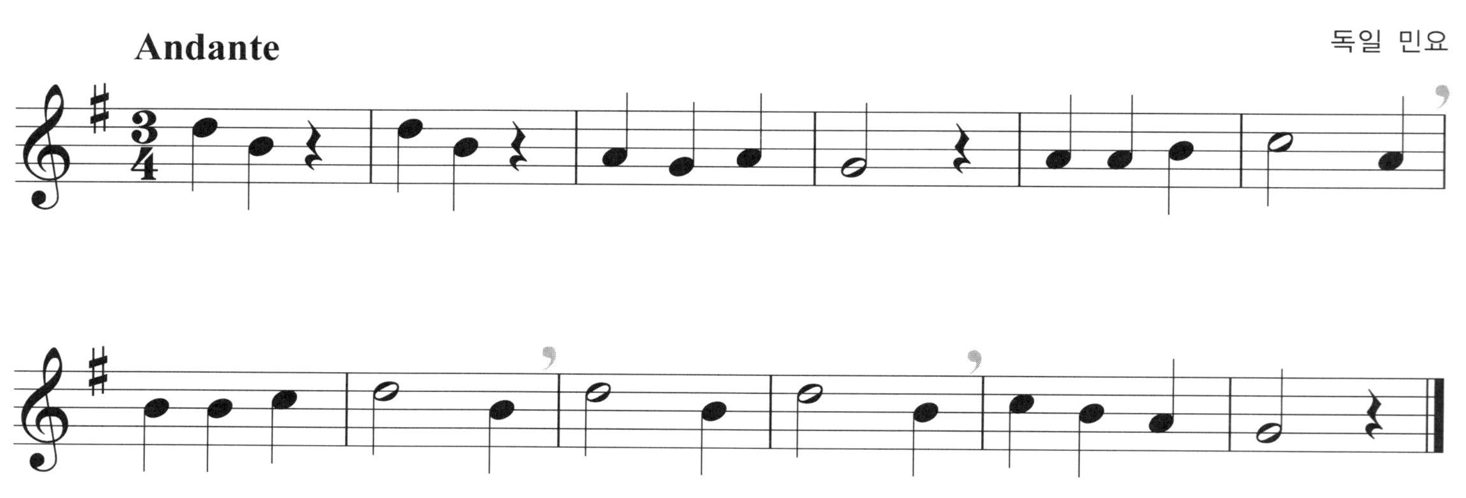

Andante

독일 민요

나비야

Moderato

독일 민요

뻐꾸기

Andante

독일 민요

아리랑

Andante

한국 민요

생일축하 노래

Moderato

외국 곡

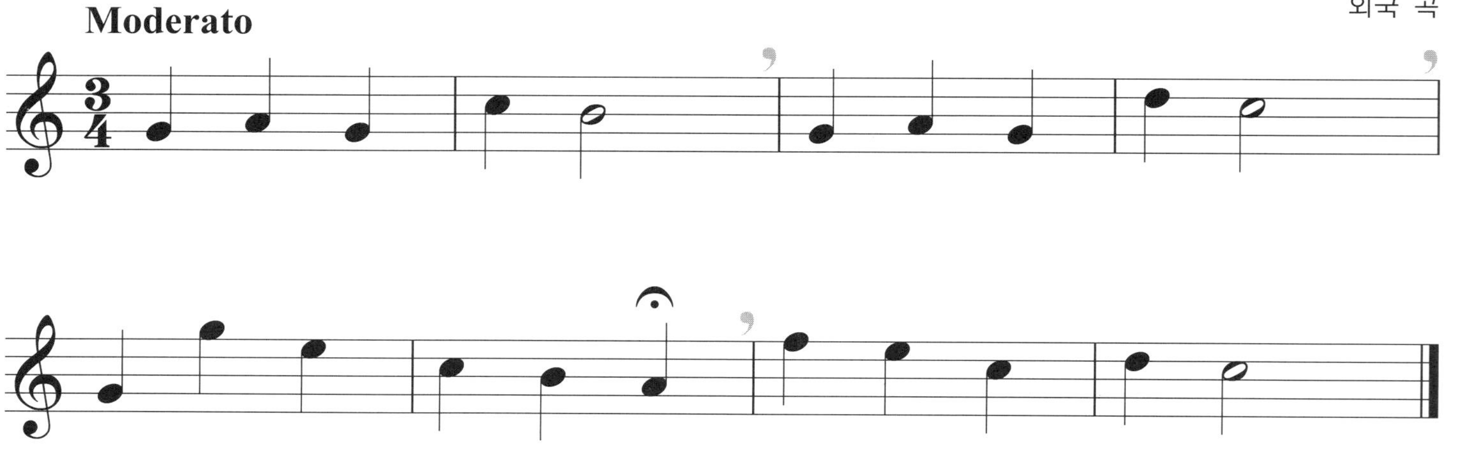

작은 별

모차르트 작곡

Moderato

섬 집 아기

한인현 작사
이흥렬 작곡

Andante

이 몸이 새라면

안병원 작사
외국 곡

Moderato

에델바이스

(Edelweiss)

샐리 정원
(Down By The Salley Garden)

아일랜드 민요

Andante

축하합니다

필 콜터, 빌 마틴 작사, 작곡

Allegretto

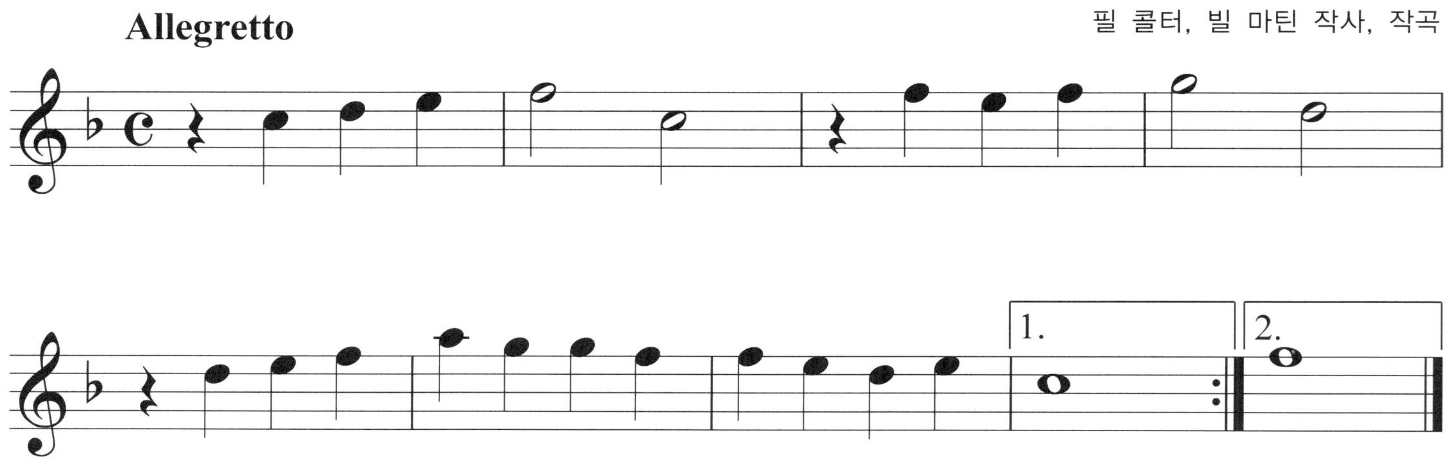

어머님 은혜

윤춘병 작사
박재훈 작곡

Andante

송 프롬 어 시크릿 가든

(Song From A Secret Garden)

롤프 러블랜드 작곡

Andante

여 수

주인은 차디찬 흙 속에

Andante

포스터 작곡

mf

깊고도 넓고도

Moderato

최병일 작곡

따스한 봄날에

아일랜드 민요

즐거운 나의 집

고요한 밤 거룩한 밤

Andante

그루버 작곡

학교 가는 길

Moderato

김광민 작곡

아가씨들아

강소천 작사
폴란드 민요

아름다운 나의 벗

Andantino

스코틀랜드 민요

저 들 밖에

Andante

외국 곡

언제나 몇 번이라도

가쿠 와카코 작사
기무라 유미 작곡

참 예쁘네요

창 밖을 보라

리우, 미첼 작사,작곡

아빠 힘내세요

권연순 작사
한수성 작곡

Moderato

그 옛날에

베일리 작곡

봄노래

Andante

모차르트 작곡

옹달샘

윤석중 작사
외국 곡

Moderato

숭어

슈베르트 작곡

할아버지의 시계

Andante

헨리 클레이 워크 작곡

백조의 호수에서 '정경'

차이콥스키 작곡

마이 보니
(My Bonnie)

Allegretto

스코틀랜드 민요

꽃밭에서

어효선 작사
권길상 작곡

Andante

당신은 사랑받기 위해 태어난 사람

이민섭 작사
이민섭 작곡

Andante

선구자

윤해영 작사
조두남 작곡

Andante

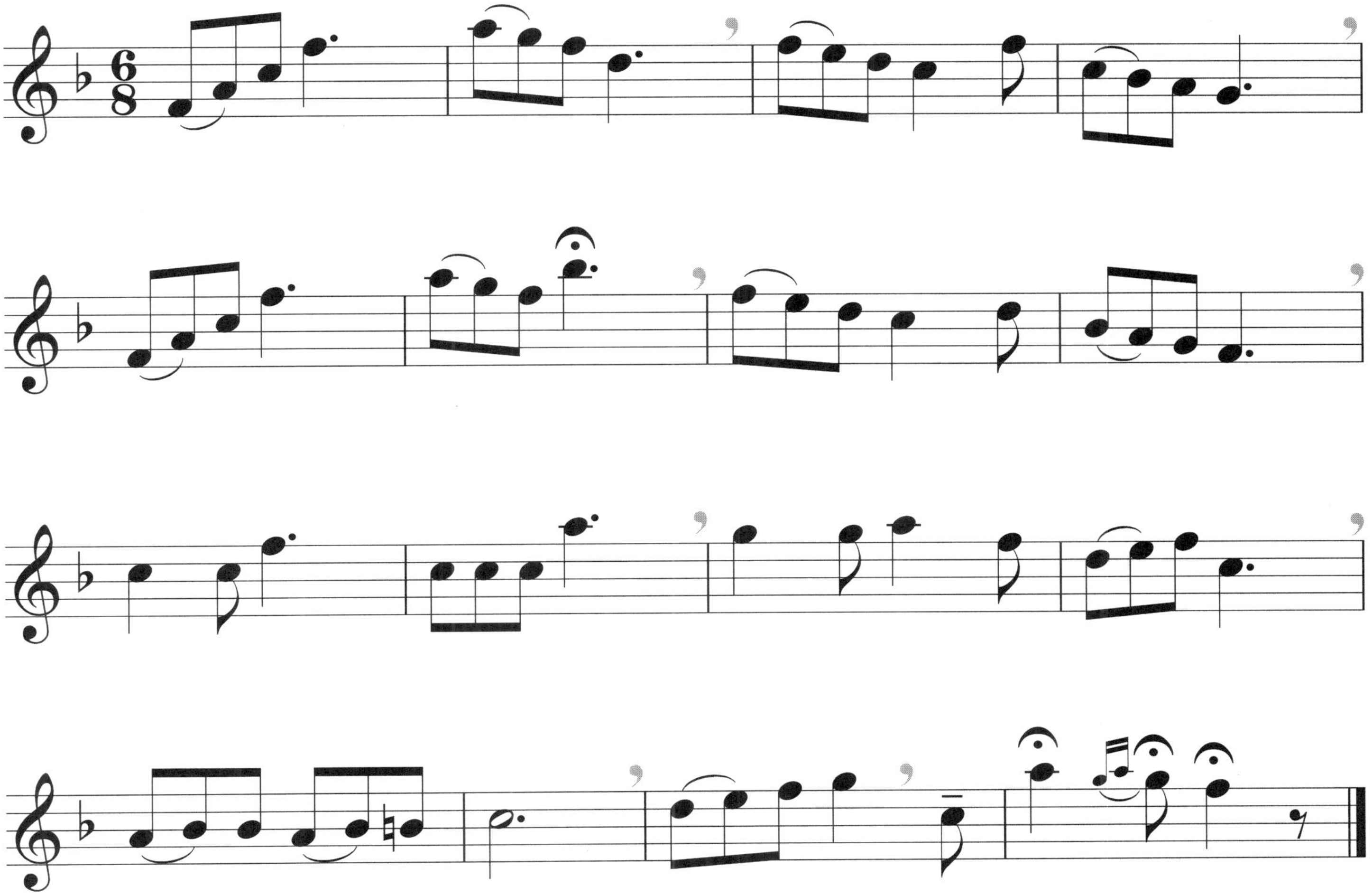

고요한 호숫가

독일 민요

Moderato

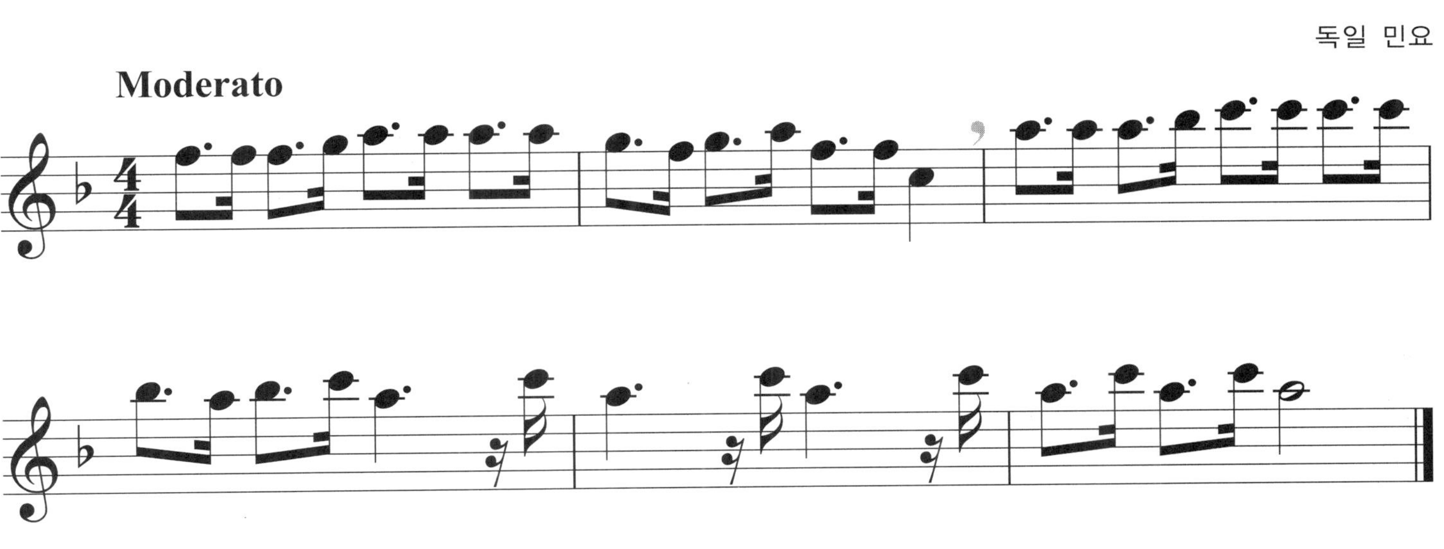

봄

시골 경마

Allegretto

포스터 작곡

꿈 길에서

포스터 작곡

기쁨의 노래

베토벤 작곡

Moderato

비행기

윤석중 작사
외국 곡

Moderato

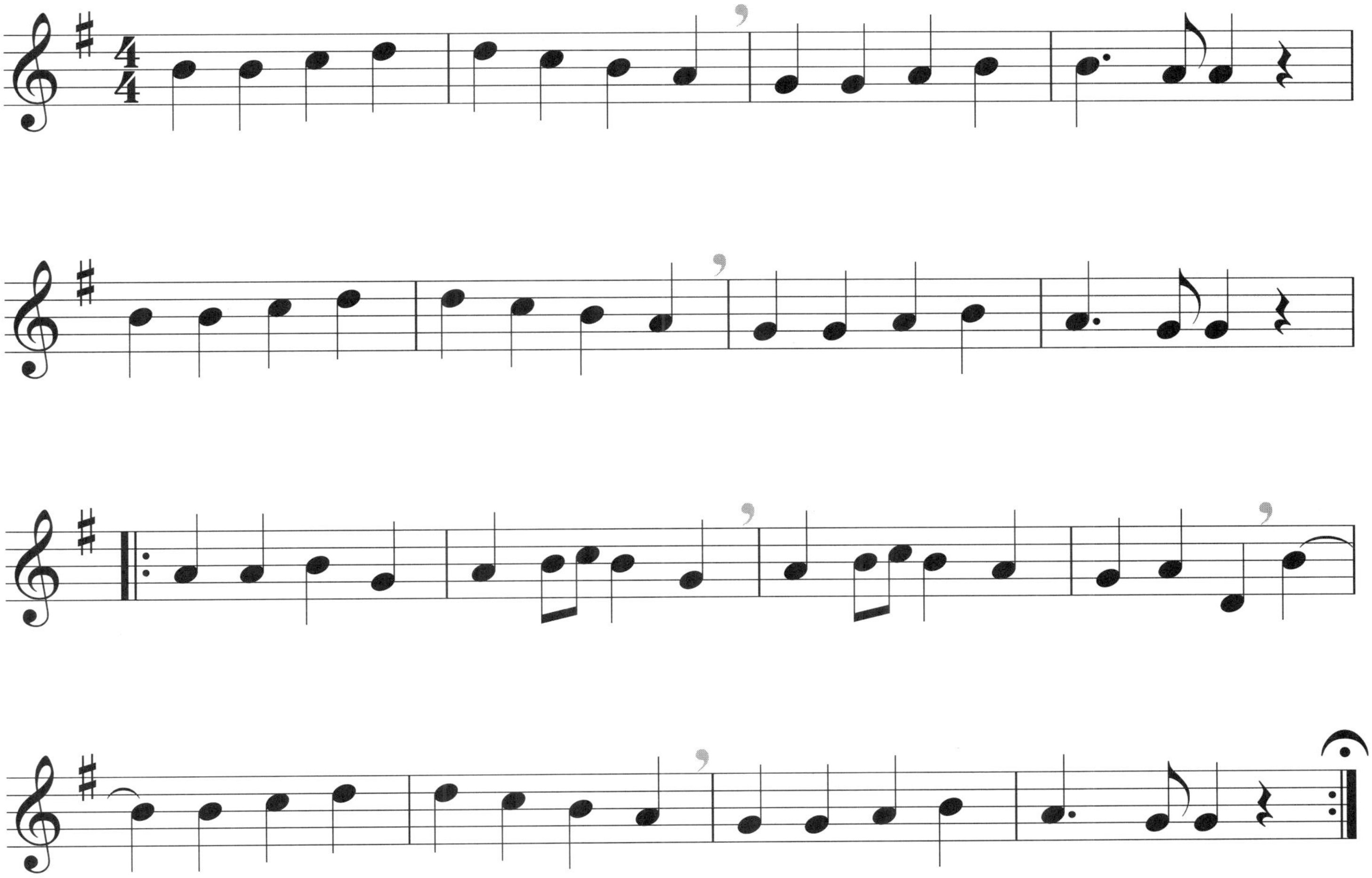

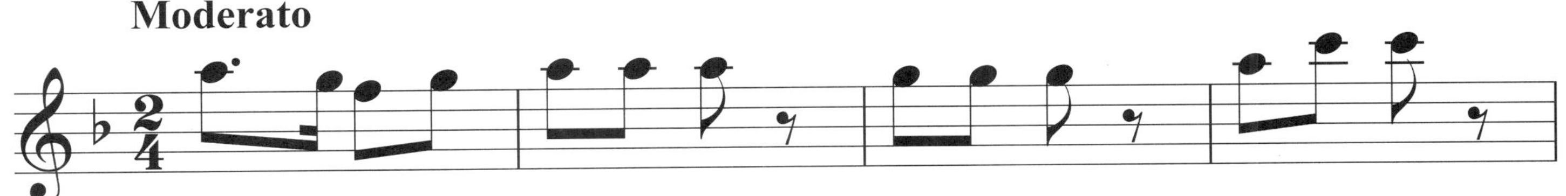

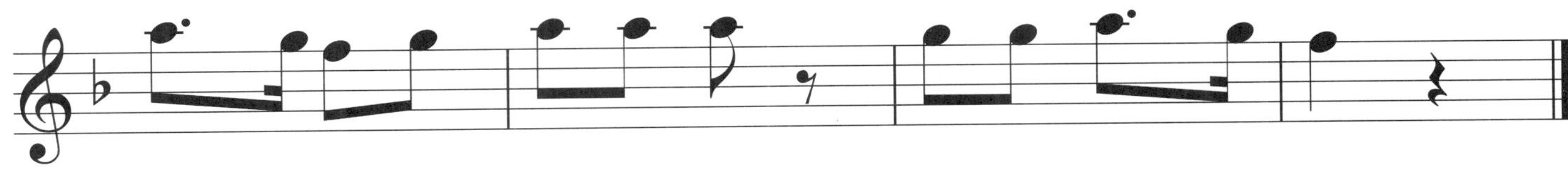

결혼 행진곡

Moderato

바그너 작곡

산속의 음악가

오 나 라

임세현 작사
임세현 작곡

Andantino

도라지 타령

등대지기
유경손 작사
영국 민요
Andantino

하늘나라 동화

이강산 작사
이강산 작곡

커다란 꿀밤 나무 아래서

작자 미상

파란 마음 하얀 마음

어효선 작사
한용희 작곡

Moderato

아빠와 크레파스

이혜민 작사
이혜민 작곡

과수원 길

박화목 작사
김공선 작곡

스승의 은혜

강소천 작사
권길상 작곡

어머니 마음

양주동 작사
이흥렬 작곡

나는 대리석 궁전에서 사는 꿈을 꾸었어요

(I Dreamt I Dwelt In Marble Halls)

발페 작곡

그린 슬리브스
(Green Sleeves)

오 브레넬리

별의 세계

Andante

콘바스 작곡

리고동

퍼셀 작곡

Moderato

금발의 제니

기쁘다 구주 오셨네

고향의 봄

이원수 작사
홍난파 작곡

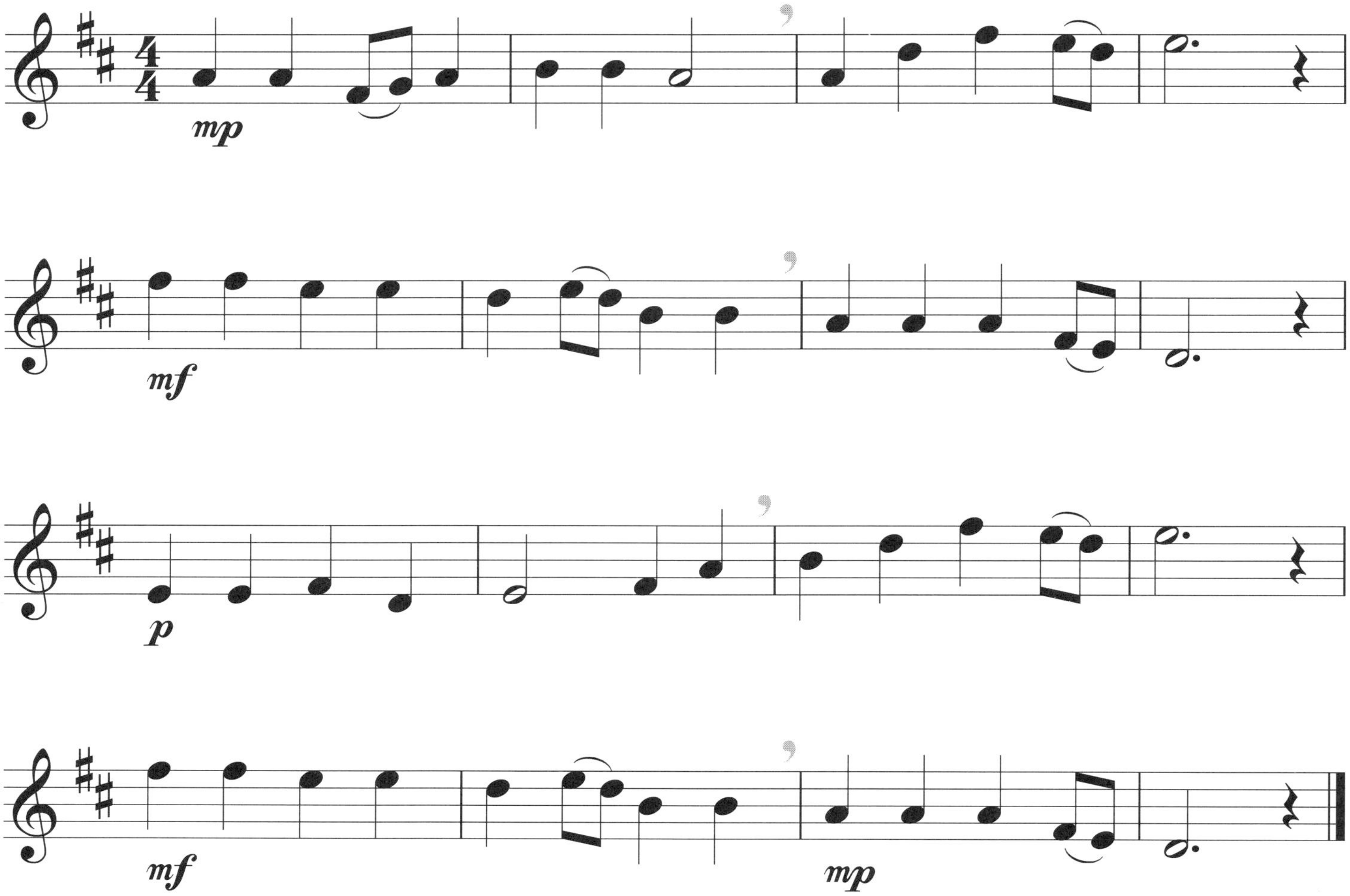

꼬마 벌

독일 민요

유 아 마이 선샤인
(You Are My Sunshine)

지미 데이비스 작사
찰스 미첼 작곡

Allegretto

10월의 어느 멋진 날에

한경혜, 롤프 러블랜드 작사
롤프 러블랜드 작곡

푸른 목장

당신의 소중한 사람

노르웨이 민요

잠에서 깨어난 인형

클레멘타인

칸타빌레

미뉴에트

바흐 작곡

여자의 마음

(La Donna e Mobile-오페라 '리골레토' 中)

베르디 작곡

Andante

마탄의 사수

홍하의 골짜기

노래는 즐겁다

독일 민요

스와니 강

Andante

오버 더 레인보우
(Over The Rainbow)

하버그 작사
알렌 작곡

Andante

런던 다리

영국 민요

Moderato

언덕 위의 집

미국 민요

잘 있거라 내 고향

독일 민요

도레미 송

오스카 해머스타인 2세 작사
리차드 로저스 작곡

Moderato

꿈속의 고향

로망스

스페인 민요

마이 웨이
(My Way)

로렐라이

하이네 작사
질허 작곡

라 쿠카라차

멕시코 민요

문 리버
(Moon River)

머셔, 맨시니 작곡

아 목동아
(Danny Boy)

켄터키 옛집

포스터 작곡

징글 벨

Allegretto

피아폰트 작곡

피크닉

애니 로리

러브 송
(Love Song)

김영아 작사
전준규 작곡

Moderato

고향 집

헤이스 작곡

하얀 연인들

피에르 바루 작사
프란시스 레이 작곡

몰다우 강

이별의 곡

산타루치아

Andante

러브 미 텐더
(Love Me Tender)

베라 맷슨, 엘비스 프레슬리 작곡

Andantino

투우사의 노래

슈베르트의 세레나데

장미빛 인생

에디뜨 삐아쁘 작사
피에르 루이기 작곡

아를르의 여인에서 '미뉴에트'

비제 작곡

모차르트의 자장가

a tempo
mp
mp
mp
mp
mp
p
dim.   poco rit.

유 레이즈 미 업
(You Raise Me Up)

브렌덴 그레이엄 작사
롤프 러블랜드 작곡

Andante

오블라디 오블라다

(Obladi Oblada)

Allegretto

존 레논, 폴 맥카트니 작곡

노래의 날개 위에

멘델스존 작곡

사랑의 기쁨

마르티니 작곡

Moderato

희망의 나라로

현제명 작사
현제명 작곡

한 떨기 장미

브람스의 자장가

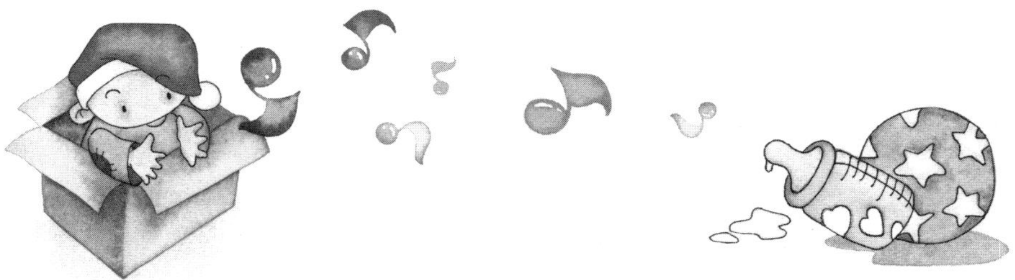

들장미

들장미

슈베르트 작곡

Andantino

그리운 금강산

헝가리 무곡 5번

브람스 작곡

트로이메라이

슈만 작곡

왈츠

브람스 작곡

발행처 아름출판사
주 소 경기도 고양시 덕양구 독곶이길 171(주교동)
          http://www.armusic.co.kr
전 화 (031)977-1881~2(영업부)
          (031)977-1883~4(편집부)
팩 스 (031)977-1885
등 록 1987년 12월 9일 제2001-7호

발행인 성강환
편집인 편집부
디자인 김정혜, 김지영, 오지숙

본 도서는 무단 복사, 전재할 수 없음(파본은 교환해 드립니다)

ISBN 978-89-8377-798-0   13670

이 책의 수록곡들은 저작료를 지급한 후에 출판되었으나, 일부 곡들은 부득이하게 저작자 또는 저작권 대리권자에 대한 부분을 찾지 못하였음을 알려드리며 추후 저작자 또는 저작권 대리권자께서 본사로 연락을 주시면 해당곡의 사용에 대한 저작권법 및 저작자 권리단체의 규정에 따라 조치하겠습니다.
아름출판사는 저작자의 권리를 존중합니다.